Die Familie hat einen Erziehungsauftrag. Die Schule hat einen Bildungsauftrag. Gleichzeitig ist die Familie ein Ort der Bildung und die Schule ein Ort der Erziehung.

Eltern, Erzieher und Lehrer tragen daher gemeinsam Verantwortung für die Zukunft unserer Kinder und Jugendlichen. Und nur gemeinsam können sie erfolgreich sein.

Die Gesetze des Schulerfolgs (GdS)

… sind ein Programm zur inhaltlichen Elternarbeit in Kindergärten und Schulen

Grundlage ist das Magische Erziehungsdreieck von Klaus Hurrelmann:
Kinder und Jugendliche brauchen die „3 A“: Anerkennung, Anregung und Anleitung.

Eltern sind die Experten für ihre Kinder. Sie benötigen – wie alle Experten – eine Fortbildung

---

GdS – Stark *in die* Schule Das Ankommen in der Grundschule erleichtern

- **Interaktive Präsentation** für Erzieherinnen und Erzieher
- **Ein Elternheft** zur Sicherung der Nachhaltigkeit

Lernbezogene Elternarbeit in Kindergärten, Vorschulen und Grundschulen

GdS – Stark *in der* Schule Mit der Erziehung die Weichen stellen | Richtig motivieren – besser lernen | Familie als Lernort gestalten

- **Interaktive Präsentation** für Lehrerinnen und Lehrer
- **Drei Elternhefte** zur Sicherung der Nachhaltigkeit

Leistungsbezogene Elternarbeit in Grundschulen und weiterführenden Schulen

Einsatz der GdS-Elternhefte auch im Pädagogikunterricht der Sekundarstufen I, II

Übersetzung der Kurzfassung des GdS-Elternbuchs in über 20 Sprachen zum kostenlosen Download für Schulen und Kindergärten

Albanisch – Afghanisch (Farsi und Paschtu) – Arabisch – Chinesisch – Englisch
Eritreisch (Tigrynia) – Französisch – Griechisch – Italienisch – Kroatisch – Kurdisch
Persisch (Farsi) – Polnisch – Portugiesisch – Rumänisch – Russisch – Serbisch
Somalisch – Spanisch – Türkisch – Ukrainisch – Ungarisch – Vietnamesisch

In Kooperation mit der aim – Akademie für Innovative Bildung und Management Heilbronn-Franken, gemeinnützige GmbH
www.aim-akademie.org

Inhaltsverzeichnis

Richtig motivieren – besser lernen (2)

Vorwort / Die GdS-Grundsätze 5
Unser Roter Faden 8
9. Gesetz: Jedes Kind hat Freude am Lernen. Tragen Sie dazu bei, dass es so bleibt! 9
10. Gesetz: Stärken Sie die drei Schlaumacher! 11
11. Gesetz: Seien Sie der Coach Ihres Kindes! 14
12. Gesetz: Helfen Sie beim Aufbau eines Wissensnetzes! 19
13. Gesetz: Übung macht den Meister. Unterstützen Sie das Festigen der Lerninhalte! 24
14. Gesetz: Sorgen Sie für gute Gefühle beim Lernen! 26
15. Gesetz: Lassen Sie Schulmüdigkeit nicht aufkommen! 31
16. Gesetz: Pubertät – Lassen Sie los und geben Sie Halt! 39
Bleiben Sie gelassen. Fehler gehören zum Leben 41
Danksagung 43
Lösungen / Bildnachweis / Impressum 44

Die Themen der beiden anderen Elternhefte

Mit der Erziehung die Weichen stellen (1)

1. Gesetz: Ermöglichen Sie Ihrem Kind eine sichere Bindung!
2. Gesetz: Begeben Sie sich auf Schatzsuche!
3. Gesetz: Lassen Sie Ihr Kind spielen. Fördern Sie sein selbstentdeckendes Lernen!
4. Gesetz: Stärken Sie die Freude an der Leistung!
5. Gesetz: Seien Sie Ihrem Kind Vorbild!
6. Gesetz: Halten Sie sich an die „goldene Mitte“!
7. Gesetz: Verzichten Sie auf Strafen!
8. Gesetz: Fragen Sie Ihr Kind: „Bist du glücklich?“!

Familie als Lernort gestalten (3)

17. Gesetz: Machen Sie die Familie zum Lernort!
18. Gesetz: Unterstützen Sie Ihr Kind beim Erwerb von Medienkompetenz!
19. Gesetz: Reden Sie mit Ihrem Kind! Lesen Sie ihm vor!
20. Gesetz: Unterstützen Sie die Teamarbeit!
21. Gesetz: Geben Sie Fleiß und harter Arbeit in der Familie einen hohen Stellenwert!
22. Gesetz: Trainieren Sie die Konzentrationsfähigkeit!
23. Gesetz: Halten Sie sich bei den Hausaufgaben Ihres Kindes zurück!
24. Gesetz: Halten Sie guten Kontakt zur Schule Ihres Kindes!

Sehr geehrte Eltern, liebe Mütter und Väter,

Mütter und Väter erziehen ihre Kinder nicht nur, sie tragen auch in hohem Maße zu ihrer Bildung bei. Erzieher und Lehrer sind dabei ihre Partner. Eine gute Erziehung und eine solide Bildung sind für unsere Kinder und Jugendlichen der Schlüssel für ihre Zukunft.

Und diesen Schlüssel haben Sie in der Hand!

Mütter und Väter sind die Experten für ihr Kind. Sie brauchen – wie alle Experten – eine Fortbildung. Mit den „Gesetzen des Schulerfolgs (GdS)“ werden Eltern kompetente und entspannte Lernbegleiter ihrer Kinder.

Das Magische Erziehungsdreieck

Das GdS-Programm basiert auf dem „Magischen Erziehungsdreieck“ von Prof. Klaus Hurrelmann. Damit Kinder und Jugendliche ihre angeborene Lern- und Leistungsfreude bewahren und ihre Fähigkeiten entfalten können, brauchen sie die **3 A: Anerkennung, Anregung, Anleitung.** Diese **3 A** sollten von den Eltern im Idealfall in einer lebendigen Balance gehalten werden – wie die Bälle eines Jongleurs, die sich immer in der Luft befinden.

Ein Kind aufwachsen zu sehen, gehört zu unseren spannendsten Erlebnissen.
Genießen Sie die Zeit. Trauen Sie Ihrem Kind etwas zu. Vertrauen Sie ihm. Denn jedes Kind entwickelt sich aus sich heraus. Voraussetzung ist allerdings, dass es sich wohlfühlt und die notwendigen altersgemäßen Erfahrungen sammeln kann.

Gelegentlich werden wir gefragt, was unter **„Gesetze“** und **„Schulerfolg“** zu verstehen ist.

- **„Gesetze“** bedeuten, dass es sich um mehr handelt als um *Empfehlungen*.
  Ihre Beachtung ist *keine Garantie* für Schulerfolg, sondern eine *Voraussetzung*.
- **„Schulerfolg“** bedeutet, dass Kinder und Jugendliche ihre Potenziale ausschöpfen.
  Sie wollen zeigen können, was in ihnen steckt.

Die GdS-Elternhefte liefern Müttern und Vätern keine Rezepte. Kinder kann man nicht nach Gebrauchsanweisung erziehen. Aber mit zahlreichen Anregungen für den erzieherischen und schulischen Alltag werden die Hefte zum wertvollen Begleiter durch die gesamte Schulzeit Ihres Kindes.

Ihnen wünsche ich viel Freude an Ihren Kindern.
Ihren Kindern wünsche ich Erfolg – in der Schule und im Leben.

Adolf Timm

Unsere Kinder können mehr. Die GdS-Grundsätze

1. Unsere Kinder und Jugendlichen können mehr. Alle wollen lernen.
2. Jeder ist gut in irgendetwas.
3. Niemand wird beschämt. Niemand wird zurückgelassen.
4. Eltern, Erzieher und Lehrer sind Partner.
5. Schulerfolg ist der Schlüssel zur Integration.
6. Bildung ist unser wichtigster Rohstoff.

Dass alle Kinder und Jugendlichen ihre Potenziale ausschöpfen, ist eine Frage ihrer Würde – und unserer Bildungsgerechtigkeit.

Die Zukunft unserer Wissens- und Wohlstandsgesellschaft hängt davon ab.

GdS – Stark *in der* Schule

Richtig motivieren – besser lernen (2)

Unser Roter Faden

9 Lernfreude erhalten

10 Die 3 Schlaumacher fördern

BKA

11 Coach sein

12 Wissensnetz aufbauen/ Gedächtnis stärken

SCHNEEBALL

13 Üben zur Routine werden lassen

EIS

14 Für gute Gefühle sorgen

positive Emotionen + + + → Lernturbo

15 Eine Aufwärtsspirale schaffen

16 Loslassen und Halt geben

ELTERN: Halt geben; im Gespräch bleiben; Meinung deutlich sagen; Gleichgewicht zwischen alten und neuen Regeln herstellen; Kinder Distanz aufbauen lassen; vom Führer zum Begleiter werden; loslassen; auf Grenzen achten; gelassen bleiben

9. Gesetz: Jedes Kind hat Freude am Lernen. Tragen Sie dazu bei, dass es so bleibt!

Warum Eltern die Neugier ihrer Kinder immer wieder „anregen“ müssen

Auf den  **gebracht**

Alle Kinder wollen lernen. Die Lernfreude ist ihnen angeboren.
Weil Lernen glücklich macht (Glückshormone*), will das Kind mehr davon.

Eltern erhalten die Lernfreude ihrer Kinder, wenn sie …

1. **… ihren Kindern die Erfahrung vermitteln, dass Lernen „etwas Tolles“ ist.**
2. … Herausforderungen zum Lernen schaffen und „Aha-Erlebnisse“ ermöglichen.
- Eine *Herausforderung* bedeutet es z.B., wenn bei einer Aufgabe die Wahrscheinlichkeit des Erfolgs genau so groß ist wie die Wahrscheinlichkeit des Misserfolgs.
3. … das gehirneigne Belohnungssystem (Dopamin*) anregen. Erfolg macht Lust auf mehr, ist also die beste Motivation.
4. … die Begeisterung ihrer Kinder für das Lernen teilen und selbst lernen wollen.
5. … die Kinder beim Lernen anregen und ermutigen. Kinder brauchen ein Gegenüber, zu dem eine Bindung besteht – und das ihnen „den Spiegel vorhält“. (siehe G 1)
6. … mit den Lehrern ihrer Kinder vertrauensvoll zusammenarbeiten. Lehrer, die die Eltern einbeziehen, und Eltern, die den Lehrer achten, sind ein Glücksfall für Schüler.

* Das „Glückshormon“ Dopamin ist ein Nervenbotenstoff, der in den Schaltstellen des Gehirns wirkt, die für Lernen, Gedächtnis, Neugierde und Motivation zuständig sind.

Alle Kinder freuen sich auf die Schule und das Lernen dort

Lernfreude stärken. Anregungen für den Alltag

1. Lassen Sie die Frage nach dem „Warum“ in Ihrer Familie nicht verstummen.

2. Geben Sie Ihrem Kind für sein Lernen Rückmeldung. – Freuen Sie sich mit ihm über seinen Lerneifer, seine Lernerfolge und Lernfortschritte. Das Kind braucht seine Eltern als „Mitspieler“ und „Anreger“ und „Zuhörer“ und „Ermutiger“ beim Lernen.

3. Geben Sie Ihrem Kind immer wieder Gelegenheit, etwas selbst zu tun, selbst zu erleben und selbst zu entscheiden. – Kinder müssen erfahren, dass es sich lohnt, zu experimentieren, dass es spannend ist, die Welt zu erkunden.

- Kinder und Jugendliche erreichen einen Zustand tiefer Zufriedenheit („Flow“), wenn sie einer Aufgabe nachgehen, die sie herausfordert.

4. Halten Sie engen Kontakt zum Klassenlehrer Ihres Kindes. – Vergewissern Sie sich, ob es Gründe gibt, wenn die Lernfreude Ihres Kindes nachlässt. Gehen Sie diesen Gründen auf die Spur und schalten Sie sie aus.

Die Lernfreude ist *allen* Kindern und Jugendlichen angeboren

Eltern und Lehrer können nur Angebote machen, nutzen müssen die Kinder sie selbst!

10. Gesetz: Stärken Sie die drei Schlaumacher!

Warum Kinder die „innere Motivation“ brauchen

Auf den ● gebracht

Das Bedürfnis nach **B (Bindung)**, **K (Kompetenz** = Können**)**, **A (Autonomie** = Selbstständigkeit**)** ist angeboren.

Kinder sind von sich aus / von innen motiviert, wenn sie sagen können:

„Ich bin wichtig für meine Eltern und Lehrer!“ (Bindung)
„Ich kann was!“ (Kompetenz)
„Ich schaffe das allein!“ (Autonomie)

1. Bindung (B) bedeutet, sich sicher in seiner Familie zu fühlen und dort geliebt zu werden. Dabei machen Kinder die Erfahrung, dass ihre Eltern großes Interesse an ihnen und ihrem alltäglichen Leben haben.

- **So erleben sie die eigene Bedeutung: „Ich bin wichtig für meine Eltern!“**

2. Kompetenz (K) bedeutet, etwas zu können und zu leisten. Die Freude am Machen, am Tun, am Aktiv-Sein ist angeboren.

- **Daraus schöpfen Kinder Vertrauen in sich: „Ich kann was!“**

3. Autonomie (A) bedeutet, sich „selbstständig“ zu fühlen. Kinder sollen die Erfahrung machen, dass sie in vielen Dingen ihres alltäglichen Lebens frei entscheiden können, ohne unnötig kontrolliert zu werden.

- **Kinder wollen selbst Lösungen finden: „Ich kann es selbst und allein!“**

Motivation braucht die „3 Schlaumacher“. Sie kommt von innen

Die „3 Schlaumacher“ fördern. Anregungen für den Alltag

1. **Begegnen Sie Ihrem Kind mit Interesse, Anerkennung und persönlicher Wertschätzung. Stärken Sie die vertrauensvolle Beziehung zu Ihrem Kind. –** Sie ist Voraussetzung für eine gute Persönlichkeitsentwicklung und die Funktionstüchtigkeit seiner Motivationssysteme.

2. **Vermitteln Sie Ihrem Kind das Gefühl und die Gewissheit: „Ich bin in meiner Familie wichtig!“, „Ich kann etwas!“, „Ich habe das ganz allein gemacht!“** – Übertragen Sie Ihrem Kind schon früh Pflichten und Verantwortung im Haushalt. Trauen Sie ihm etwas zu.

- Erwarten Sie etwas (aber nicht zu viel) von ihm. Das gilt auch für die Schule.

3. **Geben Sie Ihrem Kind klare Rückmeldung.** – Bestätigen Sie ihm, dass es sich angestrengt hat, etwas kann, etwas erreicht hat, gute Leistungen erbracht hat.

- Sie ermöglichen ihm dadurch die Wahrnehmung seiner Kompetenz.

4. **Lassen Sie die Verantwortung für das Lernen beim Kind.** – Kinder müssen ihre Erfahrungen selbst machen.

- Wenn Ihr Kind als Fünftklässler sich die Vokabeln erst kurz vor dem Schlafengehen flüchtig ansieht und dann eine „Fünf“ schreibt, bleiben Sie gelassen. Sagen Sie ihm aber, dass es seine „Fünf“ ist, dass Sie ihm jedoch helfen, die Ergebnisse zu verbessern.

5. **Befähigen Sie Ihr Kind, sich intensiver mit einer Sache auseinanderzusetzen.** – Ermöglichen Sie ihm die Erfahrung, dass es Freude bereitet, tiefer in die Materie einzusteigen, und dass es ein gutes Gefühl gibt, etwas von einer Sache zu verstehen.

6. Lernforscher der Universität München

… haben 3.500 Schüler von der 5. bis zur 10. Klasse im Fach Mathematik begleitet: Nur anfangs besteht ein Zusammenhang von Intelligenz und mathematischen Fähigkeiten. **Der weitere Lernfortschritt wird vor allem von der „inneren Motivation“ beeinflusst.**

Stärken Tablets und Smartphones die „innere Motivation“?

Der Einsatz von Tablets, Smartphones usw. steigert die Lernmotivation nur kurzfristig.

Spätestens, wenn Schüler merken, dass das Lernen auch weiterhin Einsatz und Anstrengungsbereitschaft erfordern, nimmt sie wieder ab.

Innere Motivation richtet sich auf die Sache selbst, die gelernt werden muss.

Ich überprüfe mein Verhalten als Lernbegleiter meines Kindes

1. Ich tröste mein Kind, wenn es eine Arbeit „in den Sand gesetzt“ hat. ( ) ja ( ) nein
2. Ich helfe meinem Kind, Misserfolgserlebnisse positiv zu verarbeiten. ( ) ja ( ) nein
3. Ich unterstütze mein Kind, wenn es in der Schule anstrengend wird:
„Bleib dran, du schaffst das!“ ( ) ja ( ) nein
4. Ich vermittle meinem Kind das Gefühl der Bindung und Geborgenheit. ( ) ja ( ) nein
5. Ich habe Zeit für Gespräche und zeige Interesse an seinen Aktivitäten
und alltäglichen Erfahrungen in der Schule und mit Freunden. ( ) ja ( ) nein
6. Ich sorge für eine Atmosphäre von Wertschätzung und Wärme. ( ) ja ( ) nein
7. Ich begegne meinem Kind mit Offenheit. – Dazu gehört auch,
a) … dass ich mich im Konfliktfall freundlich mit ihm auseinandersetze, ( ) ja ( ) nein
b) … ihm gegenüber meinen eigenen Standpunkt vertrete ( ) ja ( ) nein
c) … und ihm sage, was ich von ihm erwarte. ( ) ja ( ) nein
8. Ich nehme mein Kind immer mal wieder in den Arm – und frage:
„Geht es dir gut?“ oder „Bist du glücklich?“. ( ) ja ( ) nein

Kinder und Eltern haben die gleichen Ziele!

Kinder streben nach **Bindung,**
Eltern wollen, dass sie **sozial verantwortlich** handeln.

K

Kinder streben nach **Kompetenz,**
Eltern wollen, dass sie **leistungsfähig** werden.

A

Kinder streben nach **Autonomie,**
Eltern wollen, dass sie **selbstständig** werden.

11. Gesetz: Seien Sie der Coach Ihres Kindes!

Wie Kinder ein „positives Selbstbild“ entwickeln

Auf den  **gebracht**

Was für den Fußballplatz gilt, gilt auch für die Schule:
Kinder und Jugendliche sind motiviert, wenn ...

1. ... sie gefördert und unterstützt werden und zeigen dürfen, „was sie können“:
   → **Forderung stellen!**
2. ... sie vielfältige Anregungen erhalten und vieles angeboten bekommen:
   → **Förderung geben!**
3. ...sie richtig beurteilt werden und Anerkennung und Wertschätzung erhalten:
   → **Selbstwertgefühl stärken!**
4. … sie von ihren Bezugspersonen – Eltern, Lehrern, Trainern – gelobt werden:
   → **Kultur der Anerkennung praktizieren!**
5. ... Eltern nahe und laufend mit ihnen im Gespräch sind:
   → **Bindung stabil gestalten!**
6. ... sie sich hohe, aber erreichbare Ziele setzen:
   → **„erreichbaren Unterschied“ ermöglichen!** (s. Gesetz 4)
7. ... sie die Erfahrung machen, dass sich Aktivität und Erfolg gut anfühlen:
   → **Erfolgserlebnisse ermöglichen!**

So steigern wir die schulische Motivation unserer Kinder

Kinder und Jugendliche brauchen in unseren Bildungseinrichtungen – Familie, Kindergarten und Schule – eine Kultur der **Wertschätzung**, der **Anerkennung**, der **Ermutigung** und der **Anstrengung**.
„Supportive leadership“ („unterstützende Führung“) nennt man diese zur Leistung anspornende Beziehungskultur:

1. Erreichbare Ziele setzen – Überforderung vermeiden

2. Anregungen geben – Unterforderung vermeiden

3. Verantwortung wecken für die eigene Leistung

4. Stärken erkennen (Schatzsuche), dafür Lob aussprechen

5. Energiequelle „Selbstüberwindung“ nutzen

6. „Selbstmotivation“ anregen (s. G 15 „Schulmüdigkeit“ nicht aufkommen lassen)

7. Selbstständigkeit fördern, eigene Entscheidungen ermöglichen

8. Kinder einbeziehen in Gespräche und Entscheidungen

9. Sport / Musik (stärken Selbstbewusstsein) als Motivationsförderer nutzen

10. Lernhindernisse (Motivationsbremsklötze) wegnehmen

Marco hat ein „positives Selbstbild“. Er fühlt sich groß und stark

Von seinen Eltern zu Hause erfährt er die „3 A“
Anerkennung, Anleitung, Anregung.

Von seinem Trainer im Verein erhält er
Wertschätzung und Unterstützung und Ermutigung zur Leistung.

In seiner Mannschaft erlebt er **B K A,** dort fühlt er sich
sozial eingebunden, kompetent und selbstständig.

Zur Vertiefung: Coaching und positives Selbstbild

Warum Kinder ihre Intelligenz als formbar erleben müssen

Auf den  gebracht

Wer Erfolg haben will, muss an seinen Erfolg glauben.

Kinder, die an ihren Erfolg glauben, sind besser in der Schule.

Eltern fördern die Entwicklung ihres Kindes, wenn sie sein Selbstbild* stärken.

Niemand kann sofort Marathon laufen.
Aber mit Übung und Geduld und Ausdauer kriegt man das hin.

Auch das Gehirn lässt sich wie ein Muskel trainieren.
Erfolg in der Schule hängt nicht nur von der Intelligenz ab, sondern auch vom Willen.

Eltern, die an ihr Kind glauben, stärken seinen Glauben an sich selbst.
Wenn sie ihrem Kind etwas zutrauen, stärken sie seine positive Selbsteinschätzung.

Nur wenn das Kind von seinen Eltern wertgeschätzt wird,
... kann es sich selbst wertschätzen
... und anderen Wertschätzung entgegenbringen.

* **Selbstbild oder positive Selbsteinschätzung**
oder ähnlich: Selbstbewusstsein / Selbstwertgefühl / Selbstachtung / Selbstverantwortung / Selbstständigkeit / Selbstkonzept / Selbstvertrauen / ...
Selbstkompetenz als die Fähigkeit, mit sich selbst so umzugehen, dass man mit sich zufrieden ist.

Bestätigung stärkt die positive Selbsteinschätzung

Positive Selbsteinschätzung. Anregungen für den Alltag

1. **Erwarten Sie etwas von Ihrem Kind, dann wird es etwas von sich selbst erwarten.** – Nur wenn Eltern ihrem Kind eine positive Erwartungshaltung entgegenbringen, können Kinder eine positive Selbsteinschätzung entwickeln.

2. **Unterstützen Sie Ihr Kind darin, die Ursachen seiner Leistungsergebnisse vor allem in den eigenen Anstrengungen zu sehen.** – Wer immer wieder darauf verweist, was das Kind durch Übung, Lernen, Ausdauer oder gute Strategien bereits alles erreicht hat, stärkt seine positive Selbsteinschätzung.
3. **Helfen Sie Ihrem Kind, seine Kompetenzen zu erkennen und zu erweitern.** – Wenn Eltern (und Lehrer) die Erfolge und Lernfortschritte des Kindes wahrnehmen und ihm dazu eine bestätigende Rückmeldung geben, stärken sie …

   ... seine positive Selbsteinschätzung, sein dynamisches Selbstbild sowie seine Vorstellung von der Formbarkeit seiner Intelligenz.
4. **Gewöhnen Sie Ihr Kind früh daran, häusliche und schulische Verantwortung für sich und andere zu übernehmen.** – Wer seine Aufgaben selbst erledigen, seine Probleme selbst lösen kann und dazu noch für andere wichtig ist, erlebt Selbstachtung, Selbstbewusstsein und Selbstwertgefühl.

US-Präsident Barack Obamas Motto. Das Motto unserer Kinder

12. Gesetz: Helfen Sie beim Aufbau eines Wissensnetzes!

Warum Wissen der Schlüssel zu Intelligenz und Können ist

Auf den  **gebracht**

„Man erblickt nur, was man schon weiß und versteht."
Johann Wolfgang von Goethe (Deutscher Dichter und Naturforscher, 1749 – 1832)

Je mehr ein Kind weiß, desto besser prägt es sich Neues ein.
Sein Wissen vergrößert sich dann wie ein …

Ziel der Schul-Bildung ist sinnstiftendes, kreatives und problemlösendes Denken. Dafür müssen Schüler ein gewisses Maß an Wissen erworben haben. Allein zu wissen, wo es steht, reicht nicht aus. Fakten müssen sie im Kopf haben und nicht nur im Rechner.

Im Zeitalter der Digitalisierung bleibt Wissen wichtig. Auch kann ein Mangel an Intelligenz durch Wissen ausgeglichen werden. Ein Mangel an Wissen kann dauerhaft aber nicht ausgeglichen werden. Wer aus seiner Intelligenz nichts macht, wird zurückgeworfen.

Je enger das Wissensnetz geknüpft ist, desto mehr bleibt hängen

Wissensnetz knüpfen. Anregungen für den Alltag

1. **Lassen Sie Ihr Kind intensiv den Alltag erfahren.** – Kinder sollen möglichst früh ihr Denken schulen. Wenn ein Dreijähriger ein Stück Kuchen in zwei Hälften teilt, entwickelt er ein Verständnis für Zahlen und das Prinzip der Teilbarkeit.

- Ein Großteil seines Wissensnetzes bildet sich durch alltägliche Erfahrungen.

2. **Geben Sie Ihrem Kind Gelegenheit zum Forschen, Suchen und Experimentieren.** – Kinder erwerben mit Leichtigkeit neues Wissen, wenn sie dabei möglichst viel selbst ausprobieren und mit Gegenständen experimentieren, die sie aus ihrem Alltag kennen.

3. **Unterstützen Sie die Experimente und Beobachtungen des Kindes mit Sachwissen.** – Seien Sie offen für die Fragen des Kindes. Geben Sie kindgerechte Antworten auf seine Fragen. Geben Sie Erläuterungen.

- Hören Sie damit auf, sobald Ihr Kind nicht mehr fragt oder sein Interesse erkennbar anderen Dingen zuwendet. Überfüttern Sie Ihr Kind nicht mit Faktenwissen.

4. **Beobachten Sie, was Ihr Kind interessiert, was es fesselt, was es weiterbringt.** – Dadurch erhalten Sie gute Ansatzpunkte für Anregung und Anleitung – und die Erweiterung seines Wissensnetzes.

5. **Spielen Sie mit Ihrem Kind „Stadt-Land-Fluss“.** – Das ist ein einfaches Spiel zur Erweiterung seines Wissensnetzes, das in jedem Alter Freude macht.

- Die Themenliste von Stadt-Land-Fluss lässt sich beliebig erweitern, z.B. zu Stadt-Land-Fluss-Sport-Physik-Politik …

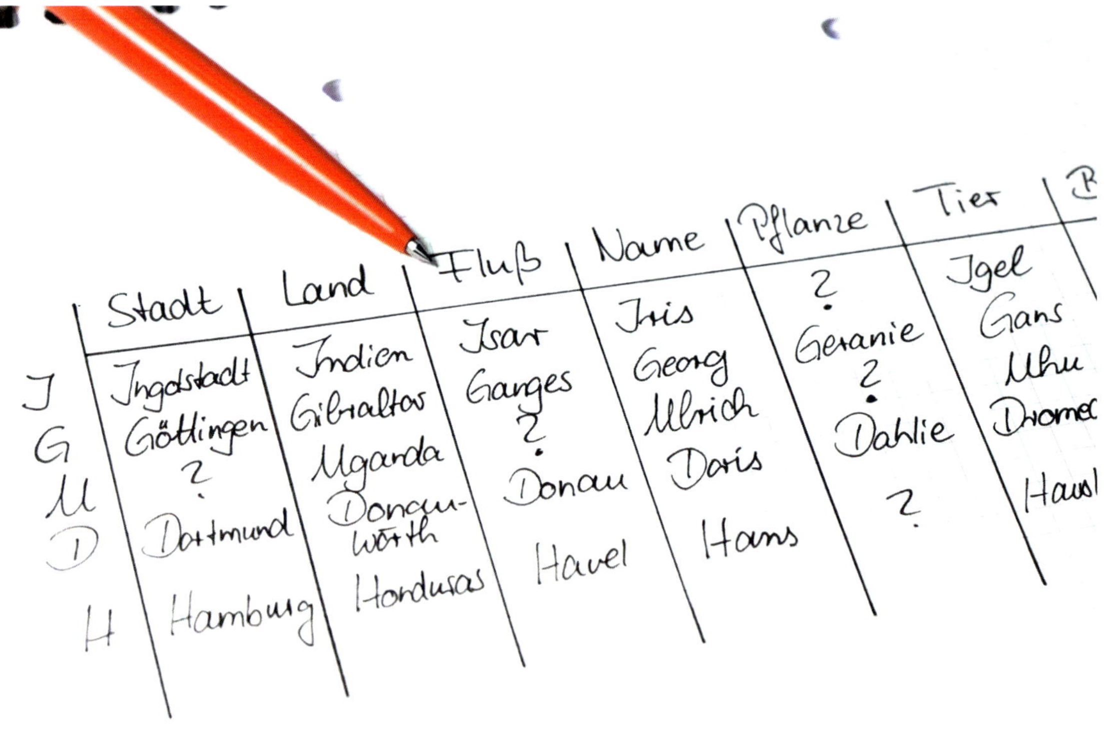

– In dem o.g. Beispiel gibt es übrigens für „Donauwörth“ keinen Punkt! –

6. Regen Sie Ihr Kind an, fremdsprachige Filme anzusehen. – Anfangs noch *mit Ihnen* und mit deutschen Untertiteln, später *allein* und nur auf Englisch oder Französisch ...

7. Stärken Sie das Wissensnetz Ihres Kindes:

1. Ideen der Kinder aufnehmen;
2. beim Spazierengehen oder Wandern im Tempo der Kinder gehen und mit ihnen entdecken, was sie am Wegesrand interessiert;
3. interessante Bücher zum Weiterlernen in der Bücherei suchen (lassen);
4. Begegnungen mit vielen verschiedenen Menschen ermöglichen;
5. am Familientisch Themen aus der Berufswelt Erwachsener, aus Politik, Wirtschaft, Kultur aufnehmen;
6. gemeinsam Nachrichten hören / sehen und sich zwanglos über etwas davon unterhalten;
7. gelegentlich etwas besonders Aufregendes aus der Zeitung / aus dem Internet vorlesen (lassen).

Wer bereits viele Vokabeln kennt, lernt leichter neue dazu

Zur Vertiefung: Wissensnetz und Gedächtnis

Wie Lerninhalte in das Langzeitgedächtnis gelangen

Auf den ● gebracht

Damit das Gelernte einen Platz im Langzeitgedächtnis findet, muss es dort verankert werden.

Die Nerven verbinden die Gehirnzellen untereinander. Und diese Verbindungen stellen unser Gedächtnis dar.

Wichtig ist, dass das Gelernte in das Langzeitgedächtnis kommt, also nicht vergessen wird.

So werden Lerninhalte im Langzeitgedächtnis verankert

Ins Langzeitgedächtnis gelangen die Lerninhalte, wenn sie ...

1. … Bedeutung oder Alltagsbezug haben oder eine Überraschung bergen,
2. … Interesse, Begeisterung wecken, mit starken positiven (oder auch negativen) Emotionen besetzt sind,
3. … mit verschiedenen Sinnen gleichzeitig wahrgenommen werden,
4. … die Mitarbeit anregen,
5. … durch bildliche Vorstellung anschaulich gemacht werden,
6. … geübt und wiederholt werden,
7. … dort einen Anker finden, d.h. mit bekannten Lerninhalten (Vorwissen) verknüpft werden können,
7. … im Schlaf verfestigt werden.

Anregungen für Schülerinnen und Schüler

Wie Du die Lerninhalte im Langzeitgedächtnis* verankern kannst

1. Lass Dich von den Lerninhalten zur **Mitarbeit** / zum **Mitmachen** / zum **Mitdenken** aktivieren.
2. Versuche, das Gelernte durch **Üben und Wiederholen** vor dem Vergessen zu bewahren und immer wieder in Dein Gedächtnis zurückzurufen.
3. Durch **ausreichend Schlaf** kannst Du die Lerninhalte im Gedächtnis verankern.

Beispiel Vokabeln: Schau sie Dir vor dem Schlafengehen noch einmal an.
Siehst Du Dir stattdessen einen aufregenden Krimi an, spielst Du stattdessen ein aufregendes Computerspiel oder …, überlagern diese Inhalte das Gelernte.

- Die Vokabeln „sitzen“ am nächsten Tag nicht richtig.
- Der Vokabeltest „geht daneben“.
- Du bist enttäuscht: „Aber ich habe doch so sehr gelernt!“

* Neben dem **Langzeitgedächtnis** (Speicherzeit jahrelang bis lebenslang) gibt es noch …

- das Ultrakurzzeitgedächtnis: Speicherzeit wenige Sekunden und …
- das Kurzzeitgedächtnis: Speicherzeit 30 Minuten oder länger.
  – Schüler lernen häufig nur für das Kurzzeitgedächtnis.

Der Schlüssel für den Lernerfolg liegt bei Eltern und Lehrern und Schülern

13. Gesetz: Übung macht den Meister. Unterstützen Sie das Festigen der Lerninhalte!

Wie Übung und Wiederholung zur täglichen Routine werden

Auf den ● gebracht

Damit sich der Lernstoff im Gehirn einprägt,
also deutliche Spuren im Gedächtnis hinterlassen kann,
muss er wiederholt und geübt werden.

Lernen braucht Anstrengung und Einsatz. 6 bis 8 Wiederholungen sind nötig!

Bis ein Lernstoff richtig „sitzt“, d.h. seinen Weg ins Langzeitgedächtnis gefunden hat, muss er 6- bis 8-mal wiederholt werden.

Fehlen diese Wiederholungen, setzt das Vergessen ein.

Wege entstehen durch häufige Nutzung

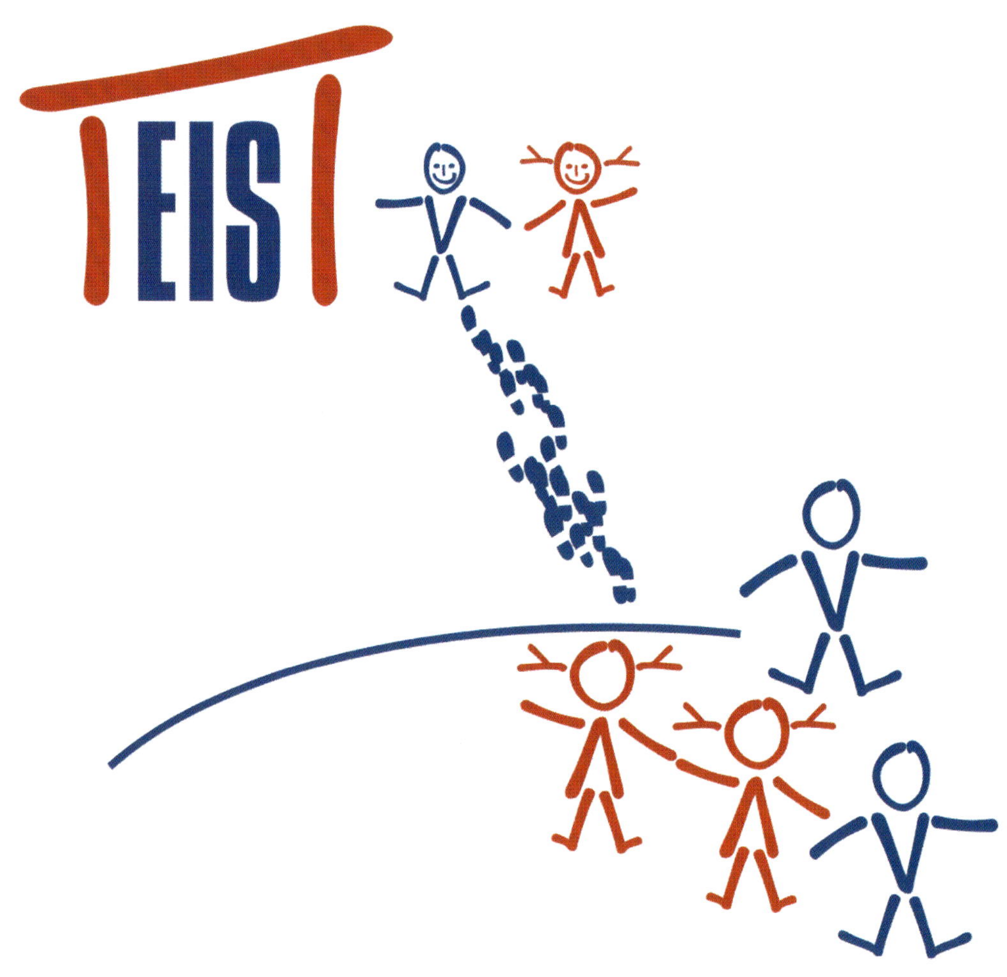

Der „7-Punkte-Plan des Lernens“

Wie der Lernstoff „Gedächtnisspuren“ im Gehirn hinterlässt

Schüler erleichtern sich das Lernen, wenn sie …

1. … durch Wiederholung und Übung das Vergessen verhindern.
2. … den Lernstoff vernetzen, verknüpfen, veranschaulichen.
3. … aktiv beteiligt sind, Erfolgserlebnisse haben – und neugierig bleiben.
4. … den Lernstoff über mehrere Sinneskanäle aufnehmen.

Ein Schüler behält von dem, …

... was er liest, ...10 %
... was er hört, ... 20 %
... was er sieht, ...30 %
... was er sieht und hört, ...70 %
... was er selbst ausführt, ...90 %

5. … beim Lernen Ablenkung vermeiden.
6. … Rückmeldung bekommen und so schneller Lernwege finden.
7. … auf ausreichend Schlaf achten.

14. Gesetz: Sorgen Sie für gute Gefühle beim Lernen!

Warum Angst blockiert, positive Emotionen aber das Lernen fördern

Auf den  gebracht

Lernregel 1. Wissen, das mit Gefühlen verbunden ist, speichert sich besser ab.

Lernregel 2. Negative Gefühle (wie z.B. Schulangst / „Stress"*) machen dumm.

Lernregel 3. Positive Gefühle beflügeln Lernen und Leistung, denn das Erfolgserlebnis „will wiederholt werden".

Lernregel 4. Das „Aus-dem-Weg-Räumen" von Hürden (z.B. Verwöhnen) hemmt beim Lernen, denn es blockiert die Bereitschaft sich anzustrengen.

* Stress wird ausgelöst durch a) Angst, b) Lärm, c) Hetze, d) überzogenen Leistungsdruck, e) Demütigungen, f) Mobbing, g) Einengung, h) die Gefahr körperlicher Gewalt und ...

Bei guter Laune lernt man besser

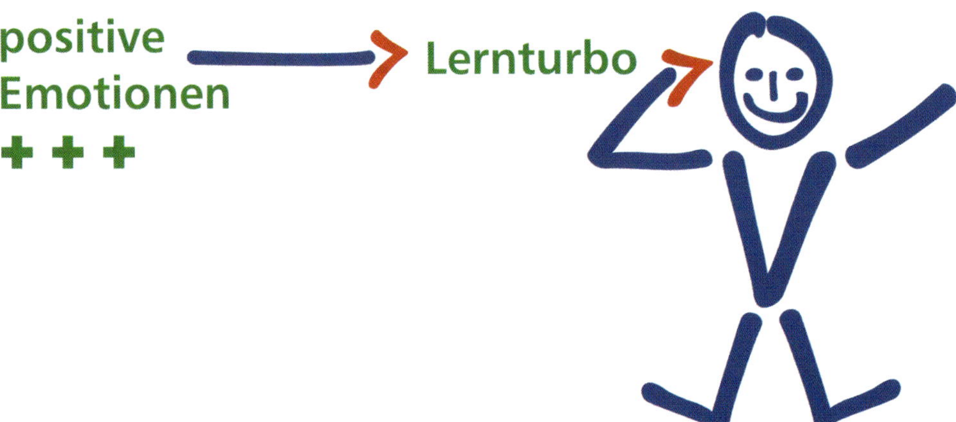

Gute Gefühle beim Lernen stärken. Anregungen für den Alltag

1. **Lassen Sie Ihr Kind in einer harmonischen Atmosphäre lernen.** – Ein Kind, dem die Mutter, der Vater oder der Lehrer aufmunternd ein paar Worte sagt, lernt besser, als wenn die Erwachsenen so tun, als ginge sie der Schulerfolg nichts an.
2. **Geben Sie Ihrem Kind, was positive Emotionen auslöst.** – Liebe, Freude, Freunde, Überraschungen, Erfolgserlebnisse, Atmosphäre, Zuwendung, freundliche Rückmeldungen u.a. fördern die Lern- und Leistungsbereitschaft Ihres Kindes.
3. **Fördern Sie die Neugier und das persönliche Interesse Ihres Kindes.** – Neugier und persönliche Interessen erzeugen positive Gefühle – eine wichtige Voraussetzung, den Lernerfolg zu verbessern.
4. **Sorgen Sie für Überraschungseffekte.** – Wer beim Büffeln für die nächste Arbeit unverhofft an seinem Schreibtisch eine Tasse Kakao und den Lieblingskuchen serviert bekommt, empfindet positive Emotionen, die sich auf den Lerngegenstand übertragen.

5. **Schützen Sie Ihr Kind vor Angst, unentwegtem Lärm, Hetze, überzogenem Leistungsdruck, Überforderung, Einengung, Demütigungen, Mobbing, der Gefahr körperlicher Gewalt, … –** Diese aktivieren das Stresssystem und blockieren das Lernen. Sprechen Sie mit Ihrem Kind über belastende Faktoren.

6. **Nehmen Sie als Vorbild Ihres Kindes grundsätzlich eine positive Haltung gegenüber Lerngegenstand, Schule und Lehrer ein. –** Das grundlegende Verständnis der Eltern erhöht die Lernbereitschaft des Kindes und löst mögliche Blockaden. Eltern, die ihr Kind entmutigen oder Antipathien schüren, sind Lernhemmer.

7. Stärken Sie das Selbstbild: „Du kannst was!“, „Du schaffst das!“ …

US-Psychologen haben festgestellt:
Die frühe positive Wahrnehmung des eigenen Könnens (z.B. der Lese- / Rechenfertigkeit) stärkt den späteren Erfolg auf allen Leistungsebenen.

Geht mein Kind gerne zur Schule? Oder hat es manchmal Schulangst?

1. Verbindet mein Kind „Schule“ oft mit positiven Gefühlen? ( ) ja ( ) nein
2. Verbindet mein Kind „Schule“ oft mit negativen Gefühlen? ( ) ja ( ) nein
3. Hat mein Kind Schulangst? ( ) ja ( ) nein
4. Gibt es diese Symptome bei meinem Kind: ( ) ja ( ) nein
   Zittern, Schweißausbrüche, Bauchweh am Morgen vor der Schule, Kreislaufattacken, Herzrhythmusstörungen oder Ohnmachtsanfälle?
5. Ich werde mit meinem Kind über seine Gefühle sprechen. ( ) ja ( ) nein

Zur Vertiefung: Gute Gefühle und Lernstrategien

Wie Eltern und Schülerinnen und Schüler das Lernen-Lernen erleichtern

Mit dem Kind eine Mindmap (Gedanken-Landkarte) zeichnen

Das Kind bestimmt ein Thema.
Bei einer Mindmap schreibt man in die Mitte das Oberthema.
Davon lässt man Äste abzweigen, die in wichtige Unterthemen münden.
Von den Unterthemen gehen weitere kleinere Äste für Teilaspekte ab usw. …

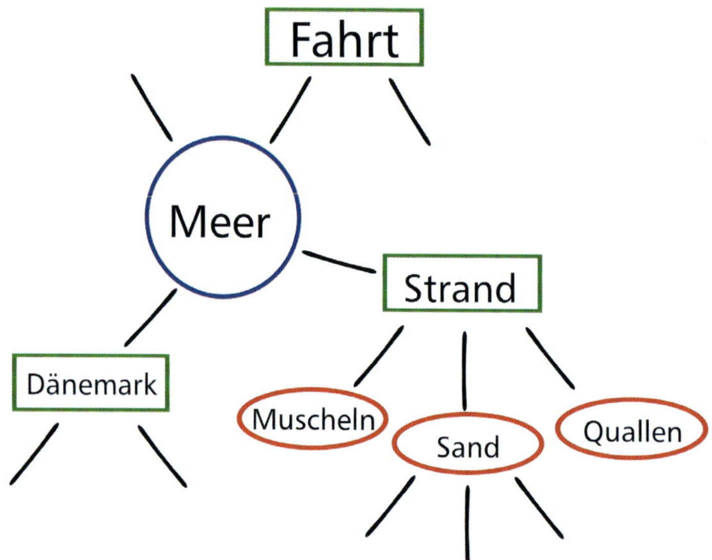

Lernstrategien. Anregungen für Eltern

Lerntechnik gibt Sicherheit. Wer weiß, wie er ein Thema richtig anpackt, ist zuversichtlicher, dass er es auch bewältigen wird, dass er es schaffen kann.

Lernexperten raten: Eltern sollen darauf achten, dass ein Schüler ...

1. … nicht blind vor sich hin lernt, sondern sich auch immer einmal wieder klar macht, was er eigentlich im Prozess des Lernens tut; sich also beim Lernen selbst beobachtet,
2. … sich realistische Lernziele setzt,
3. … seine Lernstrategien erweitert und verfeinert,
4. … erkennt, wie er sich selbst motivieren kann,
5. ... einen Karteikasten / einen Laptop auf dem Schreibtisch stehen hat,
6. … die elektronischen Angebote nutzt,
7. … regelmäßig in die Bibliothek geht,
8. … seine Notizen / Aufzeichnungen in der Schule so anfertigt, dass sie zu Hause auch als Lernhilfe einzusetzen sind,

9. … mit seinen Eltern (und / oder Lehrern) zusammen in regelmäßigen Abständen eine „Lern-Bestandsaufnahme“ macht

und einen Plan zur Verbesserung des Lernens aufstellt und durchzieht. (s. Gesetz 15)

Lernstrategien. Anregungen für Schülerinnen und Schüler

1. **Lernplakat anfertigen:** Wenn der Stoff gar nicht haften bleiben will, mit Zeichnungen, Reimen oder Eselsbrücke arbeiten.
   - Ein Plakat gestalten, auf dem Deine Gedanken gesammelt und evtl. mit Skizzen und Bildern ergänzt werden.
2. **Lernstoff zerlegen:** Zur Vorbereitung auf eine Prüfung oder eine Klassenarbeit zerlegst Du den Stoff in Fragen.
   - Schon beim Überlegen, welche Fragen gestellt werden könnten, und beim Formulieren dieser Fragen lernst Du sehr viel.
3. **Erfolgserlebnisse schaffen:** Notiere Dein Lernziel, z.B.: Heute will ich verstehen, wie … funktioniert. Das Erreichen des Ziels ist ein Erfolgserlebnis – das motiviert.
4. **Erledigtes abhaken:** Mathematikaufgabe gelöst? Französischvokabeln sitzen? Deutschlektüre gelesen? Dann auf der Lernziel-Liste oder dem Aufgabenplan ausstreichen – auch das wirkt wie eine Belohnung im Gehirn und damit motivierend.
   - Gönn Dir eine kleine Pause, schau auf Facebook, nimm kurz Kontakt mit Freunden auf…
5. **Erfolgskontrolle durchführen**: Landet das Gelernte auch im Gehirn? Lass Dich immer wieder mal abfragen oder fasse den gelernten Stoff für Dich selbst aus dem Gedächtnis zusammen. Das hilft Dir außerdem dabei, dass er haften bleibt.
   - Probiere den „Haustier-Trick“ mit Deinem Kuscheltier: Präsentiere Deinem „Zuhörer“ den Lernstoff in verständlichen Happen.

Wichtiger als alle Lernstrategien sind

Deine „positive Selbsteinschätzung“

(„Ich kann was!“, „Ich will was!“, „Ich schaff das!“),

Deine positive Einstellung zum Lernen und

Deine positive Einstellung zu den Lehrern und zur Schule!

Deine Eltern helfen Dir dabei, diese positive Haltung einzunehmen.

Sie unterstützen Dich, sie ermutigen Dich und sie bemühen sich

um ein gutes Verhältnis zu Deinen Lehrerinnen und Lehrern.

Lerntipps für die Pinnwand über dem Schreibtisch

1. Ich sorge für eine störungsfreie Lernumgebung: Das Smartphone schalte ich aus.
2. Ich beginne mit dem Einfachen und arbeite mich langsam zum Schwierigen vor.
3. Ich lege genügend Pausen zwischen den Lernschritten ein.
4. Ich verknüpfe neues Wissen mit bereits Bekanntem. Wenn der Stoff gar nicht haften bleiben will, arbeite ich mit Zeichnungen, Reimen oder Eselsbrücken.
5. Ich wiederhole den neuen Lernstoff (z.B. Vokabeln) in regelmäßigen Abständen. Üben, Üben und nochmals Üben lautet mein Motto.
6. Ich benutze möglichst viele Sinneskanäle zum Lernen, indem ich den Lernstoff z.B. aufschreibe, lese, selbst erzähle oder bildlich darstelle.
7. Ich betätige mich nach dem Lernen körperlich, spiele, tobe mich aus. Klicke ich mich stattdessen durch emotional aufwühlende Computerspiele, verhindere ich, dass sich der Lernstoff im Gedächtnis verankert.

8. Erfolgreiche Sportler oder Musiker
praktizieren das Üben als Einschleifen elementarer Techniken.
Auch für sie ist erfolgreiches Lernen mühsam – ob mit Tablet oder Karteikarten.

Mit meinem Kind sind wir alle Lerntipps gemeinsam durchgegangen, …

... und zum nächsten Elternsprechtag nehme ich mein Kind mit.
Wir lassen uns von den Lehrern beraten – sie sind unsere Bildungspartner.

15. Gesetz: Lassen Sie Schulmüdigkeit nicht aufkommen!

Wie Eltern und Kinder die schulische Krise vermeiden oder bewältigen

Auf den  gebracht

In jedem anspruchsvollen Projekt ist eine Krise etwas völlig Normales.
Die Schule ist ein solches Projekt.

In der „schulischen Krise" gilt das Motto: „Gib nie auf!"

Es muss den Eltern daher keine Sorgen machen, wenn die Lust an der Schule, die Motivation für den Lernstoff, die Freude am Lernen zwischendurch immer wieder einmal nachlassen.

Es kommt darauf an, dass Schüler sich selbst motivieren lernen und aus der schulischen Krise wieder herauskommen.

Eine Aufwärtsspirale hinkriegen

Anregungen für Schülerinnen und Schüler

Wie Du Deine Selbstmotivation stärkst und den ersten Schritt machst

1. **Bewege Dich, wann immer Du kannst.** – Bewegung ist das A & O für zusätzliche Energie. Schon zehn Minuten kräftige Bewegung bringen den Körper wieder in Schwung.
2. **Konzentriere Deine Gedanken auf Deine Stärken und Deine Chancen.** – So gewinnst Du neuen Mut. Es gelingt Dir viel besser, Deine Ziele weiter zu verfolgen und dabei einfallsreich zu sein.

- Außerdem vertreibst Du die Gedanken an Probleme und Risiken.

3. **Konzentriere Dich auf das, was Du besonders gut kannst.** – Wenn Dir Fremdsprachen besonders gut liegen, legst Du darauf den schulischen Schwerpunkt. Das entspricht Deinem Talent.

- Deine Erfolgserlebnisse in diesem Fach strahlen auf andere Fächer aus. Sie geben Dir Kraft, hier mit neuer Energie zu arbeiten oder Rückschläge besser aufzufangen.

4. **Fasse ein Ziel ins Auge, das auch erreichbar ist.** – Den Weg dorthin teilst Du in kleine Abschnitte auf. Dann schaust Du Dir die Hürden an und nimmst eine nach der anderen.

- Das bringt Dir Erfolgserlebnisse, die Dich wiederum ermutigen, die nächste Hürde zu nehmen.

5. Lege ein „Erfolgs-Tagebuch“ an.

Wer über seine Erfolge Buch führt, richtet seine Aufmerksamkeit wie ein Scheinwerfer auf alles, was für ihn *gut* gelaufen ist.

Und weil die Erfolge schwarz auf weiß festgehalten sind, setzt sich in Deinem Gehirn die Überzeugung fest: „Ich tue etwas, denn ich kann etwas!“

Anregungen für Eltern

Was Sie in der schulischen Krise Ihres Kindes tun können

1. **Sehen Sie Ihre Rolle nicht als Antreiber, der dem Kind dauernd im Nacken sitzt.** – Ermutigen Sie das Kind, sein schulisches Schicksal in die eigenen Hände zu nehmen und selbst Verantwortung dafür zu übernehmen.
2. **Lassen Sie den Gesprächsfaden nie abreißen.** – Für Jugendliche, insbesondere in der Pubertät, hängt der Schulerfolg ganz wesentlich davon ab, dass sie einsehen, warum sie lernen, und wissen, was sie lernen.

- Daher ist der Gesprächskontakt über Schule, Bildung und (berufliche) Zukunft wichtig.

3. **Machen Sie Mut in der schulischen Krise.** – Helfen Sie Ihrem Kind im Gespräch, Negativerlebnisse zu bewältigen und abzubauen.

- Schrauben Sie gegebenenfalls Ihre Ansprüche herunter (und raten Sie Ihrem Kind auch dazu), damit es wieder Kraft tanken kann und Erfolgserlebnisse hat.

4. **Nehmen Sie externe Hilfe in Anspruch, wenn die Krise sich bereits verfestigt hat.** – Nachhilfe sollte nur eine (kurzfristige) Übergangslösung sein.

- Als Dauereinrichtung wäre sie ein Anzeichen für Überforderung. Dann das Beratungsgespräch mit der Schule suchen!

5. **Nutzen Sie die schulische Krise zur Stärkung der Persönlichkeit des Kindes.** – Aus Erfahrung wird man klug. Auch aus schlechter Erfahrung. Deshalb muss man diese auch machen.

- Jede Schwierigkeit, jedes Problem trägt in sich die Herausforderung zur Persönlichkeitsentwicklung. Wenn ein Kind seine Reserven mobilisiert und eine Krise bewältigt hat, stärkt das seine „positive Selbsteinschätzung“.

6. **Helfen Sie Ihrem Kind bei der Verbesserung seiner Lernstrategie.** – Nach der Analyse der schulischen Ergebnisse, Fortschritte oder Rückschläge sollte die Lernstrategie an die inzwischen gewonnenen Erkenntnisse angepasst werden.

- Ein „Aktionsplan“ mit den Lehrkräften macht Sinn.

Mit meinem Kind mache ich eine „schulische Bestandsaufnahme“
... und treffe dann mit ihm zusammen eine „Lernverabredung“

1. Was läuft gut ...
2. ... und was gar nicht gut?
3. Was ist verbesserungsfähig?
4. Was ist verbesserungsbedürftig?
5. Welche besseren Wege für das Lernen gibt es?
6. An welchen Punkten bin ich gut organisiert?
7. ... an welchen nicht?
8. Welche Lernkompetenzen könnte ich verbessern?
9. Wie könnte ich meine Gedächtnisleistung steigern?
10. An welchen Abschnitten ist mein Tagesablauf gut strukturiert?
11. An welchen Punkten muss ich mein Freizeitverhalten überdenken / ändern?

Zur Vertiefung: Weitere Ursachen für Schulprobleme

So stoppen Eltern eine Abwärtsspirale

Auf den  gebracht

Kinder wachsen heute in einem Umfeld auf, das durch Unausgewogenheit gekennzeichnet ist.

Darauf sind viele Lernhindernisse / Motivationsbremsen zurückzuführen:

- zu viele künstliche Welten – zu wenige reale Erfahrungsräume
- zu viel Passivität – zu wenig Bewegung und Eigentätigkeit
- zu viele Seh- und Hörreize – zu wenige andere Sinneseindrücke
- zu viele Informationen aus zweiter Hand, d.h. aus den Medien – zu wenig Primärerfahrungen in der realen Welt
- zu viel Konsum – zu wenig Kreativität

Eltern, Schule, Lehrer, Mitschüler, der Schüler selbst oder Sonstige können als Lernhindernis / Motivationsbremse Verursacher von Schulproblemen sein

Wir forschen – eventuell zusammen mit unseren Kindern und ihren Lehrern – nach diesen Lernhindernissen / Motivationsbremsen und beseitigen sie:

… Konzentrationsstörungen – schlechtes Schulklima – mangelnde Vorbereitung – Lese- / Rechtschreibschwäche (Legasthenie) – schwierige Familienverhältnisse – Verwöhnen – falsche Schule – Suchtprobleme – Computerspiele – autoritäre Erziehung durch Eltern – schlecht über Schule und Lehrer sprechen – kein Interesse der Eltern an der Schule – Unterforderung – Hör- oder Sehschwäche – Überforderung – Streit der Eltern – Unterrichtsausfall – zu viel Fernsehen – Hyperaktivität (ADS / ADHS) – Verspätungen und Schwänzen in der Schule – Vernachlässigung durch die Eltern – Wohlstandsverwahrlosung – wenig Bewegung – mehr auf Schwächen statt auf Stärken schauen – Umweltbelastungen – Angst vor der Schule – Armut – (Cyber-)Mobbing – Rechenschwäche – falsche Ernährung – zu viele Termine außerhalb der Schule (Kinder im Hamsterrad) – fehlendes Vorbild – falsche Art zu lernen – zu wenig Schlaf – Störungen im Unterricht – Alkohol – Überbehütung durch die Eltern – zu viel Lernstoff – Psychopharmaka – falscher Ehrgeiz der Eltern – zu wenig Begleitung durch die Eltern – Klassengröße – keine guten Freunde / sozialen Kontakte …

Abwärtsspirale stoppen!

Ich habe mit meinem Kind über „Lernhindernisse“ gesprochen

Zur Vertiefung: Gelassenheit bei Fehlern

Wie Schüler aus Fehlern lernen und Eltern gelassen bleiben können

Auf den ● gebracht

Wer Neuland betritt, macht Fehler. Wer lernt, lernt durch Fehler.

Eltern möchten ihre Kinder am liebsten vor den schmerzhaften Erfahrungen des Lebens beschützen.

Diese Überbehütung kann jedoch negative Folgen für die Kinder haben.

Wenn Eltern ihr Kind scheitern sehen, schmerzt es sie häufig mehr als das Kind selbst.

Sie reden dann den Fehler klein, lösen die Konflikte ihrer Kinder selbst oder greifen ein, bevor das Kind überhaupt erst einen Fehler machen kann.

Kinder und Jugendliche müssen aber „Fehler" machen dürfen.

- Sie lernen dabei, die Enttäuschungen auszuhalten, die durch Fehler entstehen (Frustrationstoleranz).
- Sie lernen dabei, über die Folgen der eigenen Handlungsweisen nachzudenken.
- Fehler und Irrtümer können sie dann als Quelle neuer Erfahrungen und Lernprozesse ansehen und nutzen.

Aus Mist wird Dünger

Mit Fehlern umgehen. Anregungen für den Alltag

1. **Setzen Sie Ziele und lassen Sie in der Familie Fehler zu.** – Um Ziele zu erreichen, wird Ihr Kind Fehler machen. Ziele sollen zahlenmäßig überschaubar und erreichbar sein sowie von Zeit zu Zeit kontrolliert werden.
2. **Ermutigen Sie Ihr Kind, Misserfolge als Leistungsansporn zu sehen.** – Rasten Sie nicht aus, wenn im Zeugnis eine Fünf in Mathematik steht. Entwerfen Sie mit dem Kind eine neue Lernstrategie für dieses Fach und begleiten Sie den Weg der Verbesserung.

- Vergessen Sie dabei nicht, Ihr Kind auch auf seine Stärken aufmerksam zu machen.

3. **Berichten Sie Ihrem Kind von eigenen Fehlern, aus denen Sie gelernt haben.** – Sie erleichtern dadurch dem Kind einen unverkrampften Umgang mit den eigenen Fehlern.

- Das Kind braucht dann keine Angst zu haben, sich Ihnen zu offenbaren, wenn es welche gemacht hat. Diese Offenheit stärkt das Vertrauen zwischen Eltern und Kind.
- Erklären Sie Ihrem Kind, was es gerade durch den Fehler gelernt hat.

4. **Am besten werden Fehler (in der Schule und zu Hause) nur beiläufig korrigiert.** – Reitet der Lehrer (oder die Mutter / der Vater) zu sehr auf ihnen herum, macht er den Schüler sozusagen persönlich dafür „haftbar“ und verstärkt sie.
5. **Haken Sie nach, wenn Fehler gehäuft auf mangelnde Übung und Wiederholung zurückzuführen sind.** – Wenn der Vokabeltest schlecht ausfällt, weil der Schüler nur drei der dreizehn Vokabeln wusste, ist ein Gespräch über Lernen, Zeitmanagement, schulische Pflichten und deren sorgfältige Erledigung fällig.

6. In der Schule kein „Musterschüler“. Später Nobelpreisträger.

16. Gesetz: Pubertät – Lassen Sie los und geben Sie Halt!

Wie diese Entwicklungsphase auch schulisch zu meistern ist

Auf den ● gebracht

Pubertät strengt an.

In dieser Zeit verändert sich nicht nur der Körper. Auch das Gehirn wird umgebaut. Erst etwa mit dem 20. Lebensjahr ist der Umbau fertig.

Das Motto der Eltern für die Pubertät lautet: „Loslassen und Halt geben"

Jugendliche neigen in der Pubertät gelegentlich zu „Faulheit / Trägheit".

- Sie wissen oft nicht, was sie wollen. Sie leiden unter Zweifeln, Rückschlägen und Krisen.
- Ihre Lust- und Energielosigkeit, Trägheit, Unkonzentriertheit, Unzuverlässigkeit, Nachlässigkeit können also körperliche Gründe haben.

In einem guten Familienklima können Selbstwertgefühl und Selbstachtung des Kindes gedeihen: Eltern tolerieren jugendliches Verhalten und respektieren das wachsende Selbstbestimmungsrecht ihres heranwachsenden Kindes.

Wie Eltern sich vor und in der Pubertät verhalten

Pubertät. Anregungen für das Elternverhalten

1. **Markieren Sie Grenzen Ihres Kindes sehr klar.** – Das Kind in der Pubertät wartet auf Ihren Hinweis: „Das ist nicht in Ordnung!" Es braucht deutliche Hinweise zur Orientierung.

- Der 15-jährige Sohn darf eben zu keiner Party, auf der Alkohol fließt.

2. **Halten Sie auch selbst als Eltern Grenzen ein.** – Ihr Kind will sich von Ihnen lösen. Lassen Sie das zu. Lassen Sie es Distanz zu Ihnen aufbauen.

3. **Hören Sie den Jugendlichen an und lassen Sie ihn ausreden.** – Selbst wenn das heranwachsende Kind radikale, konfuse oder aus Prinzip oppositionelle Meinungen vertritt, sollten Sie sachlich-argumentativ darauf eingehen.

- Diskutieren Sie mit ihm, selbst wenn es die ganze Nacht dauert. Der Jugendliche wünscht, dass er respektiert wird.

4. **Behalten Sie die Leistungsentwicklung des Kindes in der Schule im Auge.** – Es kann zu Schulkrisen und Leistungseinbrüchen kommen. Aber Schule ist der Job des Kindes. Ein klares Wort der Eltern zur Notwendigkeit der Pflichterfüllung ist dann angesagt.

- Auch ein noch engerer Kontakt zu den Lehrern ist hilfreich. Der Jugendliche soll wissen, dass Eltern und Lehrer an einem Strang ziehen.

5. **Beobachten Sie aufmerksam, ob das Kind in der Schule schwänzt.** – Wenn es einmal geschieht, machen Sie kein Drama daraus. Es kommt aber auf den Grund an. Schwänzt es, um Grenzen auszuloten oder weil es auch einmal Spaß macht, den Lehrer an der Nase herumzuführen?

- Oder ist das Schwänzen ein Hilferuf, weil der Jugendliche den Anforderungen nicht mehr gerecht wird / … oder sich aus anderen Gründen unter Druck gesetzt sieht / … oder weil die Eltern sich nicht um ihn kümmern?

6. **Seien Sie Ihrem Kind nahe, wenn es darauf ankommt.** – Auch in schwierigen Situationen darf das Kind nicht das Vertrauen verlieren. Es muss wissen, dass seine Eltern ihm beistehen, ihm Halt und Hilfe geben, wenn es sie braucht.

7. **Halten Sie sich in der Pubertät an die „Regel": „Halt geben und loslassen!"** – Konflikte lassen sich vermeiden / entschärfen, wenn Eltern ihre Kinder bereits vor der Pubertät von Anfang an ernst nehmen und sie liebevoll und konsequent erziehen.

Warum geht es in der Pubertät schulisch manchmal „bergab"? (s. S. 44)

Bleiben Sie gelassen!
Fehler gehören zum Leben – auch in der Erziehung

Abschiedsreden habe ich schon viele gehört – und als Schulleiter auch viele selbst gehalten. Die mit der alten Schiefertafel aber ist mir in besonderer Erinnerung.

An meiner ersten Schule als junger Lehrer hörte ich, wie der Schulleiter, der damals selbst kurz vor seiner Verabschiedung stand, von seiner ersten Schiefertafel erzählte. Er hatte diese Tafel als ABC-Schütze erhalten und sie ein Leben lang aufgehoben. Stolz und ein wenig wehmütig zeigte er sie jetzt seinen ehemaligen Schülerinnen und Schülern. Die meisten von ihnen hatten so ein „Schulhandwerkszeug" vermutlich noch nie gesehen.

In seiner Rede geriet der alte Schulleiter regelrecht ins Schwärmen, als er davon berichtete, welch ein beruhigendes Gefühl es für ihn gewesen sei, auf diese Tafel zu schreiben. Denn dabei brauchte er keine Angst vor Fehlern zu haben: „Wenn ein Wort falsch geschrieben oder eine Zahl falsch gerechnet worden war, nahm ich einfach den Schwamm. Und hatte ich den zu Hause vergessen, war das auch kein Problem. Ich spuckte einmal kräftig auf den kleinen Fehler und wischte ihn dann mit dem Ärmel weg!", berichtete er.

Allerdings, und da wurde der Schulleiter sehr nachdenklich, mussten die Schüler damals beim Schreiben sehr aufpassen und vorsichtig sein, damit sie mit dem spitzen Griffel keine Kratzer auf die Tafel machten. So ohne weiteres eine neue Tafel zu kaufen, kam in der damaligen Zeit nicht in Frage – ganz abgesehen davon, dass sich viele Mitschüler das auch gar nicht hätten leisten können.

Seine Rede schloss der erfahrene Schulleiter mit der Ermutigung an seine ehemaligen Schülerinnen und Schüler, ebenfalls im Leben keine Angst davor zu haben, auch mal einen Fehler zu machen. Fehler seien eben das Salz des Lebens. Allerdings sollten die jungen Leute darauf achten, dass dabei – wie auf der Schiefertafel – keine Kratzer nachblieben.

Auch Eltern müssen nicht perfekt sein. Im Gegenteil! Eltern, die immer perfekt sein wollen, sind nicht wirklich gute Eltern. Wie wir alle lernen auch Eltern schließlich ständig wieder etwas dazu. Aber bei aller gebotenen Gelassenheit müssen Mütter und Väter doch achtsam sein. Bei ihrer Erziehung sollen keine Kratzer auf der zarten Kinderseele zurückbleiben!

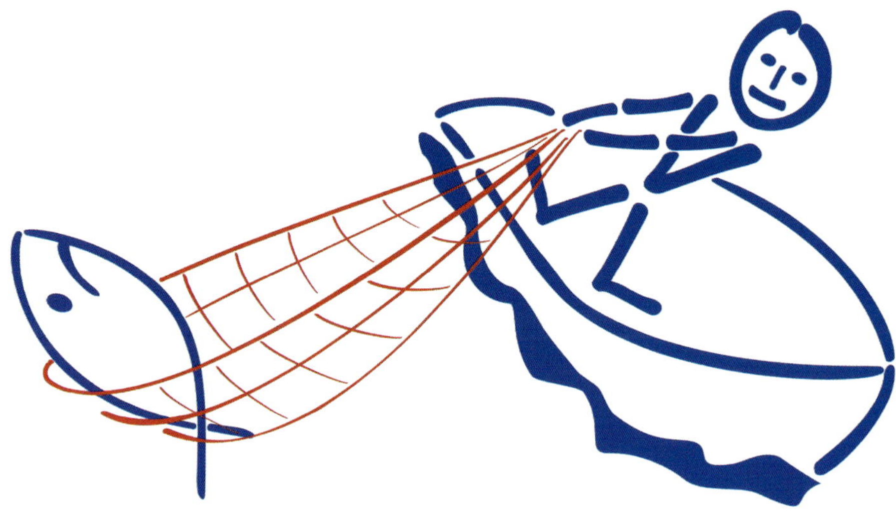

Hilfreich ist das Bild, das der Lübecker Schriftsteller und Nobelpreisträger Thomas Mann – vielleicht am Strand von Travemünde – beobachtet hat. Neigt sich das Boot nach links, muss der Schiffer sein Gewicht nach rechts verlagern. Neigt sich das Boot aber nach rechts, muss er das Gewicht nach links verschieben.

Achtsame Eltern machen es ebenso. Sie beobachten ihre Kinder. Sie meiden die Extreme. Sie versuchen Balance zu halten. Dabei können sie sich gern auf ihr Gefühl verlassen. Die Goldene Mitte ist auch in der Erziehung richtig.

Adolf Timm

Zum Schluss

Das Programm „Die Gesetze des Schulerfolgs (GdS)“ in seinen beiden Modulen
„GdS – Stark in die Schule“ und „GdS – Stark in der Schule“

ist aus einer langjährigen vertrauensvollen Zusammenarbeit des GdS-Teams entstanden. Es vereint die Erkenntnisse eines Wissenschaftlers mit den Erfahrungen von Praktikern.

Ziel unseres GdS-Programms ist es, den Blick dafür zu schärfen, dass es die Kinder sind, in deren Hände wir schon bald die Zukunft legen werden.

Damit ihre gute Entwicklung gelingt, muss die Gesellschaft sich noch viel stärker auf dem Feld engagieren, das für diese Zukunft entscheidend sein wird: Bildung!

... ein herzlicher Dank

... für die Praxisberatung und hilfreiche Anregungen an Eva Jermer (Grafschaft / Rheinland-Pfalz). Eva Jermer hat als Lehrerin und Elterntrainerin vielfältige Erfahrungen. Sie leitet die GdS-Fortbildungsveranstaltungen für Erzieher und Lehrer.

... für einfühlsame Textbearbeitung an Gisela Witte (Germanistin in Berlin). Sie ist seit Jahren unsere verlässliche und bereitwillige Ansprechpartnerin für alle Fragen, die gelegentlich im Umgang mit der deutschen Sprache auftauchen.

Gisela Witte hat mit Sachverstand und Engagement das Entstehen aller Teile dieser GdS-Elternhefte begleitet und uns wichtige Anregungen dazu gegeben.

... für die Gestaltung der Grafiken an Helmut Jermer (Grafschaft / Rheinland-Pfalz – www.jermerdesign.de –). Helmut Jermer hat nicht nur unser Logo entwickelt, er hat GdS auch ein unverwechselbares Gesicht gegeben.

Seine Grafiken tragen dazu bei, dass diese Elternhefte auch von Eltern verstanden werden können, die die deutsche Sprache noch nicht / nicht sicher beherrschen.

*

Abschließend eine Anmerkung zum Sprachgebrauch:
Aus Gründen der Lesbarkeit haben wir auf die Verwendung von Paarformen verzichtet. Wenn wir z.B. von Lehrern reden, meinen wir auch Lehrerinnen – oder umgekehrt.

Lösungen

Gesetz 16: Warum geht es in der Pubertät schulisch manchmal „bergab"?

a. Motivation sinkt 1: Weil physische und psychische Veränderungen viel Kraft kosten, neigen Jugendliche in der Pubertät gelegentlich zu „Faulheit / Trägheit". Die Lust- und Energielosigkeit, Trägheit, Unkonzentriertheit, Unzuverlässigkeit, Nachlässigkeit kann also durchaus physiologische (= körperliche) Gründe haben.

b. Motivation sinkt 2: In der Pubertät wird das hirneigene Belohnungssystem (Glückshormon Dopamin) schwächer. Bis zur Pubertät sollen Jugendliche also verinnerlicht haben, dass Lernen wichtig ist. Sie lernen, ... weil sie lernen wollen, ehrgeizig sind, sich Ziele setzen, etwas erreichen wollen, ... weil sie selbstbewusst sind, weil sie sich den Erfolg zutrauen ... Ist das nicht der Fall, blocken sie ab, werden „faul", greifen gelegentlich zu Stimulanzien (Alkohol / Drogen - Problematik) ...

Bildnachweis

Gestaltung Cover und Rückseiten: anjagrimmgestaltung.de (Gestaltung), stephanengelke.de (Beratung); Cover-Foto: © Robert Kneschke /Fotolia.com;
S. 5 © beermedia/stock.adobe.com; S. 6 © GraphicsRF/stock.adobe.com; S. 7 (+ S. 34) © bluedesign/stock.adobe.com; © Luis Louro/stock.adobe.com; S. 10 © contrastwerkstatt/stock.adobe.com; S. 13 © svetlaborovko/stock.adobe.com; S. 15 © Marco2811/stock.adobe.com; S. 16 © Brocreative/Fotolia.com; S. 18 (zweimal) © fotomek/stock.adobe.com; S. 19 © mimadeo/stock.adobe.com; S. 20 © Jeanette Dietl/stock.adobe.com; S, 21 © Anita Ponne/stock.adobe.com; S. 23 © Jacek Chabraszewski/stock.adobe.com; © fotomek/stock.adobe.com; S. 25 © bluedesign/stock.adobe.com; (+ S. 33) © ilro/stock.adobe.com; © bounlow-pic/stock.adobe.com; S. 27 © Fiedels/Fotolia.com; S. 29 © pictworks/stock.adobe.com; S. 30 © dragonstock/stock.adobe.com; Africa Studio/stock.adobe.com; S. 32 © bluedesign/stock.adobe.com; © fotomek/stock.adobe.com; © stockpics/stock.adobe.com; S. 35 © Spencer/stock.adobe.com; S. 36 © ollxy/stock.adobe.com; © Sergey Novikov/stock.adobe.com; S. 38 © Jürgen Fälchle/stock.adobe.com; © rosinka79/stock.adobe.com; S. 40 © kourty/stock.adobe.com; S. 41 © djama/stock.adobe.com

Druck: Zimmermann Druck + Verlag GmbH, Widukindplatz 2, 58802 Balve
Printed in Germany

Bestellnummer: 14865